Entwicklungsstufen

Eckhard Neuhoff

Eckhard Neuhoff

Entwicklungsstufen
Autobiografische Poesie

Impressum

© 2019/2024 Eckhard Neuhoff

© Umschlagfoto: Pixabay
Umschlaggestaltung: Eckhard Neuhoff

ISBN: 978-3-384-16396-7

Druck und Distribution im Auftrag des Autors:

tredition GmbH, Heinz-Beusen-Stieg 5, 22926 Ahrensburg, Germany

Bibliografische Information der Deutschen Nationalbibliothek: Die Deutsche Nationalbibliothek verzeichnet diese Publikation in der Deutschen Nationalbibliografie; detaillierte bibliografische Daten sind im Internet über http://dnb.dnb.de abrufbar.

Vorwort

Entwicklungsstufen: Genesung verläuft niemals linear, sondern sie ist ein stetiger, von Höhen und Tiefen begleiteter Prozess zunehmenden Gewahr-Werdens und des Verstehens der eigenen Besonderheiten, Bedürfnisse und Grenzen, wie auch des eigenen genau So-Seins, sowie der schrittweisen Annahme und allmählichen Integration des gesamten, eigenen Gefühlsspektrums. Diese ebenso schwierige, wie wichtige, spannende und auch schöne Erfahrung darf ich bis heute immer wieder machen.

In den hier versammelten Gedichte aus den Jahren 2016 bis 2019 spiegelt sich genau dieser innere Prozess der Selbstintegration und der Wiederentdeckung des eigenen Gefühlslebens wider – in all seiner Ungewohntheit, seinem gelegentlichen Überschwang und seiner zeitweisen, auch staunenden und suchenden Unbeholfenheit dabei, das Erlebte und Erfühlte überhaupt in Worte fassen zu können. Dazu kommt mein, bis zum heutigen Tag andauerndes, beinahe schon ehrfürchtiges Erstaunen über die Vielschichtigkeit, die Nuanciertheit und den Reichtum meines Seelenlebens.

So bin ich außerordentlich dankbar dafür, mit Sprache arbeiten zu dürfen. Denn sie ist ein großes, unendlich reichhaltiges Geschenk. Und es bereitet mir große Freude, sie mir immer weiter und tiefer zu erschließen und mir zu Eigen machen zu dürfen. Ganz besonders gilt dies für die Poesie: Denn es gibt kaum etwas Schöneres und Befreiendes für mich, als mit und aus dem Herzen heraus zu schreiben, ohne mich dabei an Regeln und Normen halten zu müssen.

Dieser Gedichtband ist somit eine Reise in meine ureigene Gefühls- und Gedankenwelt, auf die ich euch gerne ein Stück mitnehme - verbunden mit dem Wunsch, dass es euch beim Lesen genauso viel Freude bereitet wie mir während des Schreibens.

Im Frühjahr 2024

Eckhard Neuhoff

Früher

Früher habe ich die Erfahrung gemacht,
dass er lächerlich ist
über Gefühle zu sprechen.

Ich wurde verspottet
höhnisch belächelt
wenn ich von Liebe sprach.

So lernte ich,
dass Gefühle nichts
Ernstzunehmendes sind -
dass man sie besser unterdrückt
und nicht zulässt.

Heute hingegen
bin ich froh und dankbar
empfinden zu können
und auch darüber zu sprechen.

Es befreit
und es macht mich
für meine Mitmenschen wahrnehmbarer.

Und dennoch kostet es
mich jedes Mal
ungeheuer viel Kraft und Mut
über meinen Schatten zu springen
und mich zu offenbaren.
Denn das Gelächter in meinen Ohren
klingt noch immer nach.

Veränderung

Gefühle sind
keine statische Größe -
wie Wellen ändern sie
ihre Wucht und Unmittelbarkeit

Und wie sie
werde ich
allmählich ruhiger
wenn der Sturm sich gelegt hat

Kann sie betrachten
und sogar willentlich beruhigen
denn ich habe erkannt:
Das Schöne und Einzigartige
unserer Begegnung
ist es Wert bewahrt zu werden

Ich genieße jeden Moment
koste ihn aus und bewahre ihn mir
für schlechte Zeiten und fasse
die Erkenntnis, dass echte
tief empfundene Freundschaft
absolutes Vertrauen
liebevolles Miteinander
sich nicht nur durch das eine
große und drängende Wort
erklären lassen

Oder
dass Liebe sich nicht immer
in totaler Erfüllung
ausleben kann und muss
und trotzdem das Schönste sein kann
das mir je widerfahren ist

Liebeskummer

Bis vor kurzem schienen mir
die Worte "Liebe" und Kummer"
unvereinbar zu sein.
Denn was ist Liebe anderes
als vollkommene Erfüllung
und Verbundenheit?

Aber wenn diese Erfüllung
versagt bleibt
weil das Schicksal sich
einen bösen Streich erlaubt
dann zerreißt es dich unvermittelt
und bohrender Schmerz
wird zum Inhalt deiner Tage.

Unablässlich denkst du
an den geliebten Menschen
an die Berührungen
die Umarmungen
das Lächeln
die Gespräche.

Alles ist so nah
und doch unerreichbar
und gewinnt umso mehr
an Bedeutung
je unwahrscheinlicher
Erfüllung ist.

Es tut so weh
den geliebten Menschen
zu sehen und zu hören
seine Freundlichkeit und Anteilnahme
zu erleben
und im gleichen Moment zu wissen
dass es niemals mehr sein wird.

Und doch möchtest du
das alles nicht missen
weil dieser eine Mensch
dir alles bedeutet
und dein Leben
so unendlich bereichert.
Und ohne ihn
fühlst du dich unvollständig
und von allem Guten verlassen.

Es ist ein
unauflösbarer Konflikt
bar jeder Logik
und abseits des Verstandes
und trotzdem ist es auch
die intensivste Zeit
deines Lebens

Leidenschaft

Verletzbarkeit ist der Preis,
den ich bereit sein muss dafür zu zahlen
wenn ich mich Menschen
ohne jeden Vorbehalt öffnen möchte

Und manchmal durchfährt es mich
mit voller Wucht
und ich zweifle daran
den richtigen Weg gewählt zu haben

Um wieviel einfacher wäre es
weiterhin das unbedarfte
stumpfe Leben der letzten Jahrzehnte
zu führen
mich gänzlich zu verschließen?

Aber weniger Schmerz
und weniger Leid bedeuten
auch weniger Freude
weniger Leidenschaft
weniger Verlangen
Weniger LEBEN

Und ich spüre
dass ich nicht länger bereit bin
mich mit weniger
zufrieden zu geben

Obwohl

Wenn meine Gefühle
mal wieder
beschissen Achterbahn fahren
bis meine Seele kotzen muss
und ich nichts mehr unter Kontrolle habe -

Wenn ich meinen Emotionen
hilflos ausgeliefert bin
und mein Verstand sich
breit grinsend verabschiedet
und mich schutzlos zurücklässt -

Wenn ich anderen Menschen
mit meinem Gefühlszirkus weh tue
und bedingungslos Schönes
missinterpretiere und
zwanghaft zerstören muss,
weil ich es nicht ertrage
unbeschwert zu genießen -

Wenn ich vor Scham im Boden versinken möchte
weil ich mich selber nicht mehr ertragen kann
mich schuldig fühle ob der destruktiven Kraft in mir -

Und dann mit einem sanften Lächeln
von liebevollen Händen
mit ganz viel Verständnis und Mitgefühl
unvorhergesehen und unerwartet
aufgefangen werde -
Ich staunend erleben darf

was der Begriff "Freundschaft" in sich bergen kann
und dass trotz allem mein guter Kern gesehen
und geschätzt wird -

Dann fehlen mir vor Dankbarkeit und Glück
die Worte es zu beschreiben
und ich weine vor Erleichterung
und vor Freude darüber
dass ich einem solchen Menschen
begegnet bin.

Schmetterlingstanz

Höre ich deine Stimme, lese ich von dir
oder sehen und umarmen wir uns
steigen die Schmetterlinge auf
und mein Herz schwebt

Und es stürzt -
aus Schmetterlingen werden Felsbrocken
wenn ich nichts von dir höre
und ich allein mit meinen Gedanken bin

Dann nämlich kreisen sie wieder
in unguten, dunklen Gefilden
die ich in deiner Gegenwart
sicher verschließen kann

Was fehlt, ist deine Wärme
dein liebevolles Lächeln
dein unergründliches Verstehen

die meine Wunden heilen lassen

Denn ohne dich
fühl ich mich unvollständig
zurückgelassen unter Menschen
die deine Tiefe nicht erreichen

Und nie zuvor traf ich einen Menschen
der mich auf diese Art ergänzt
mich fühlen lässt, dass alles richtig ist
und jeden Fehler voller Milde
mir verzeiht

Da gibt es nichts womit
ich dich vergleichen könnte
und nur mit dir
möcht' ich die Schmetterlinge
steigen sehen

Reifeprozess

Ich habe sie unverändert
sehr lieb und zähle sie
zu den wichtigsten
und bedeutendsten Menschen
in meinem Leben

Aber die unerfüllte Liebe
und die Tatsache
dass es mich auf längere Sicht
zerstören würde

einem unerfüllbaren Wunschtraum
hinterher zu jagen
und mich damit unablässlich
der Wirklichkeit verweigere -
all das lässt mich allmählich
um-denken und um-fühlen

Und außerdem möchte ich sie
nicht bedrängen und sich
in meiner Gegenwart
unwohl fühlen lassen
denn DAS hat mit Liebe
und mit tatsächlicher Achtung
vor dem geliebten Menschen
nicht das Geringste zu tun
sondern ist
blanker und zerstörerischer
Egoismus

Und wer weiß?
Vielleicht werde ich
meiner Frau
eines Tages doch noch
begegnen

Und ich weiß schon jetzt
dass ich wieder
zu tiefen und aufrichtigen Gefühlen
imstande bin!

Innere Stille

Einst schrieb ich:
Lausche der Stimme der Stille -
vertraue dich an
dem Fließen dem Klang
dem Tönen unendlicher Zeit

Und mit der Zeit
wurde die Stille mir
traute Begleiterin
die mir
wann immer ich sie suche
Demut Freude und
Gelassenheit
im Überfluss zu spenden vermag

So wird sie mir
von Tag zu Tag und
Stunde zu Stunde
immer vertrauter -
Eine rechte Weg-Weiserin
zu mir selbst

Wege der Veränderung

Der Weg des Wandels der Veränderung den wir beschreiten
gemahnt mich, nicht zurück zu schauen auf das Einst
und nicht mit Wehmut auf das Anderssein zu schauen

Entwicklung, sie ist immer Freiheit
so auch für die die einen andern Weg sich wählten
weil er für sie der richt'ge war und ist

Unsre Bewusstheit und die Klarheit die uns eigen
sie führen uns auf diesen Weg der uns die Unterschiede zeigt
und doch Verbundenheit zu anderen nicht löst

Die Einzigartigkeiten unsres Selbst erkennen dürfen
ist hilfreich dabei klare Ziele aufzufinden
und Möglichkeiten Fülle nur und Freude zu erleben

Und diese Fülle diese Freude
sie wünsche ich auch allen Menschen die lange schon
auf meinem Weg Begleiter sind und lasse sie
in Freiheit eigne Wege finden

In Erinnerung an meine Schwester Gisela (1950-2017)

Du warst mir eine liebe Schwester
die - gerade in den letzten Jahren -
mit Freude und Verständnis
mir begegnete

Dich selber hast du in den letzten Jahren
zu meiner Freude immer mehr gefunden
bist deinen Weg
bestimmt und viel Leichtigkeit gegangen

Es war der Weg der Freiheit den du wähltest
auf dem wir uns zuletzt begegnen konnten
und ihn zu meiner größten Freude
ein kleines aber doch so wichtiges Moment
gemeinsam gehen durften

Du wirst mir fehlen große Schwester
die du zuletzt mit Liebe mir begegnet
sodass ich deinen Weg ins Licht
mit Frieden und liebevollem Abschied nun begleite

Aufarbeitung

Trotz all des Schönen in meinem Leben
gibt es immer wieder dunkelste Momente
in denen ich mit Unbewältigtem
auf's Schmerzhafteste konfrontiert werde

Es sind Momente tiefster Dunkelheit
und ohne Hoffnungsschimmer
in denen es mir sogar
an Sprache fehlt

Es heißt wo viel Licht ist
ist auch viel Schatten
und vermutlich würde ich diese Momente
ohne Licht nicht so deutlich wahrnehmen

Dennoch sind sie große Herausforderungen
an mich und an mein Verständnis dafür
dass ich so sein darf wie ich bin
und ich mehr bin als die Summe meiner Eigenschaften

Auch sind Gut und Schlecht Böse und Gut
oder Hell und Dunkel
lediglich unzureichende Beschreibungen
einer auch durch Erfahrungen geformten Seele

In Wirklichkeit geht es
um Loslassen und
mich selbst annehmen können und wollen
mit allem was mich als Mensch einzigartig macht

Und der Moment in dem mir
bewusst wird dass ich bin
ist der Augenblick größter Klarheit
und inneren Friedens

Diese gilt es zu bewahren und zu üben
damit aus Gegensätzen und scheinbaren Widersprüchen
irgendwann eine Einheit wird
vollkommen harmonisch und frei

Glücksmoment

Ich bin erschöpft und müde
von der Achterbahnfahrt meiner Gefühle -
von der lähmenden Angst, den Zweifeln
der sinnlosen Traurigkeit...

Aber in Wirklichkeit
bin ich von so viel liebevollem Verständnis und Mitgefühl
und unglaublicher Herzlichkeit umgeben
wie nie zuvor,
dass es mir die Sprache verschlägt.

Ich könnte heulen vor Glück
und Glück ist ein Begriff
der in meinem Leben
nicht oft Verwendung gefunden hat
weil ich es nicht zu fühlen vermochte

Fühle mich aufgehoben
tief verstanden und gesehen wie nie zuvor
so wie ich bin in meinem Innersten -
und ich weiß nicht
wie ich all das jemals
zurückgeben kann

Entwicklungsschritte

Anscheinend ist Entwicklung niemals geradlinig
sondern sie verläuft in Wellen
und manchmal gibt es sogar scheinbare Rückschritte

Der Unterschied ist aber
dass diese alten Bilder die Verhaltensmuster
dann viel bewusster sind als früher

Ich habe für mich erkannt
dass äußere und innere Struktur
immer übereinstimmen
Und wenn Chaos im Äußeren ist
lebt es sich auch im Inneren aus

Schritt für Schritt
erobere ich mir mein Leben zurück
mit Dankbarkeit für das was ist
und für die Menschen an meiner Seite

Erste Wahrnehmungen

In der Stille des frühen Morgens
die ersten Minuten bewusst genießen
in Ruhe ankommen
und den Tag friedlich gestimmt willkommen heißen

Alle Geräusche ringsum einfach wahrnehmen
nicht wertend sondern sie vorbeiziehen lassen
und der inneren Stimme lauschen
die allmählich aus dem Schlaf erwacht

Nur die Stimmung aufnehmen
die der neue Morgen mit sich bringt
und nach dem Impuls suchen
für den noch unverbrauchten Tag

Einen neuen Tag
so beginnen zu dürfen
lässt ihn für mich
zu einem kostbaren Geschenk werden

Balance

Es ist nicht immer einfach
sich selbst bedingungslos anzunehmen
vor allem dann
wenn vermeintliche Schwächen
sich in den Vordergrund spielen
und die Gedanken schwerer werden

Aber es ist ein Denkfehler
zu glauben dass immer
alles leicht und unbeschwert zu sein habe
denn erst zwischen Leichte und Schwere
können wir Balance entwickeln

Und so lange wir dazu neigen
der einen oder anderen Seite
mehr Aufmerksamkeit zu widmen
oder sie gar zu verleugnen
wird sie uns immer wieder begegnen

Balance entsteht in dem Moment
wenn wir alles gleichermaßen
als uns zugehörig anerkennen
und es gelingt
unsere vermeintlichen Schwächen
dauerhaft in Stärken umzudeuten

Hoffnung im Wandel

Zuerst war da die Hoffnung
ein noch zartes Pflänzchen damals
die mich hoffen ließ
auf ein anderes Leben
frei von Schuldgefühlen
Rechtfertigungen
Zweifeln

Mit der Zeit wuchs sie
wurde zur Gewissheit
um schließlich Wirklichkeit zu werden
nach meiner Entscheidung
meinem Willen

Die gelebte alltägliche Realität
geformt aus den eigenen Wünschen
den eigenen Zielen und Visionen
ist der Inbegriff wahrer Freiheit
voller Freude und Leichtigkeit

So wird aus Hoffnung
verheißungsvolle Gewissheit
um schließlich lebendige Freiheit zu werden
wenn das Vergangene
nicht begraben
sondern liebevoll integriert
als Teil des Weges gesehen wird
den ich dankbar jeden Tag gehe

Denkweisen

Nicht immer bilden die eigenen Gedanken
das Hier und Jetzt ab
sondern mischen sich
mit irrationalen Gefühlen

Was wir dann denken
basiert nicht auf der Wirklichkeit
sondern entspringt
häufig unserer verzerrten
Wahrnehmung aus der Vergangenheit

Dennoch halten wir das oft für wahr
lassen uns davon mitreißen
und in unseren Handlungen
davon beeinflussen

Dadurch schaffen wir uns eine neue Realität
denn unsere Handlungsweise
bewirkt immer Reaktionen
die diese Denkweise bestätigen
manchmal mit fatalen Folgen

So erschafft jeder Gedanke neue Wirklichkeiten
und es gilt zu lernen
den Gedanken im Moment seines Entstehens
darauf zu prüfen ob wir dieser Wirklichkeit
tatsächlich Wirkmächtigkeit verleihen wollen

Lenke ich meine Gedanken bewusst auf das
was ich in meinem Herzen wirklich möchte

und bleibe dabei im Hier und Jetzt
dann bestimme ich genauso bewusst
welche Richtung mein Leben nimmt

Stolpersteine

Immer wieder gibt es im Leben Stolpersteine
an denen wir uns verletzen können
wenn wir nicht achtsam sind

Bei mir sind es immer wieder alte Themen
wie Verlustangst
Wut und Ratlosigkeit
mit denen ich konfrontiert werde

Achtsam mit ihnen umzugehen
ihnen liebevoll zu begegnen
sie in Stärke Mut und Selbstbewusstsein umzuwandeln
ist wohl meine Aufgabe

Nicht nur zu erkennen wohin mein Weg mich führt
sondern ihn auch entschlossen und mit innerer Ruhe zu gehen
verwandelt die Stolpersteine
in Erfahrungsreichtümer einen Lebensschatz

Finde und lebe ich Ruhe im Inneren
erfahre ich sie auch in der Außenwelt
in meinen Begegnungen
denn das Innere spiegelt sich im Außen

Und manchmal braucht es eben Wiederholungen
bis ich wirklich begriffen habe
worauf es in meinem Leben ankommt

Mein Tag

Jeder Tag ist mein Tag
wenn ich
es wirklich will
ihn bewusst ergreife
und achtsam gestalte

Jeder Tag ist mein Tag
wenn ich ihn dazu mache
ihn mit allem annehme
was mir begegnet
und widerfährt

Jeder Tag ist mein Tag
auch wenn er vielleicht
mit gedämpfter Stimmung
einhergeht
denn jede Stimmung
hat ihren Platz ihre Berechtigung

Jeder Tag ist mein Tag
aus meinem freien Entschluss
denn es ist
allein meine Entscheidung
wie ich ihn gestalteJeder Tag ist mein Tag
weil ich ihn lebe

Jeder Tag

Jeder Tag trägt in sich
wundervolle Begegnungen und Inspirationen
die mich immer wieder staunen lassen
und dankbar stimmen

Oftmals sind es scheinbare Kleinigkeiten
wie die plötzliche Idee für einen neuen Text
oder ein inniges Telefonat mit meiner Liebsten
oder auch eine tiefe und berührende Begegnung

Früher hätte ich all das
wohl nur flüchtig zur Kenntnis genommen
und es wäre sehr wahrscheinlich
kein dauerhafter und nachhaltiger Eindruck entstanden

Heute aber klingen diese Geschehnisse lange nach
und ich bewahre sie in meinem Herzen
wo sie Stück für Stück ein wundervolles Fundament bilden
auf dem ich mein weiteres Leben dankbar aufbaue

Freier Wille

Es liegt allein an mir
und in meinem freien Willen begründet
welches Gewicht und
wieviel Aufmerksamkeit
ich den vermeintlichen Ungerechtigkeiten
dieser Welt beimesse

Es liegt allein an mir
und in meinem freien Willen begründet
ob mein Blick auf das Leben
voller Wohlwollen
oder voller Verbitterung ist

Ich allein entscheide
jeden Tag aufs Neue
ob mein Leben schön
oder eine Aneinanderreihung
von Katastrophen und Misserfolgen ist

Ein jeder Mensch trägt
alle Möglichkeiten in sich
sein Leben nach seinen Vorstellungen auszurichten
unabhängig von finanziellem Wohlstand
denn er allein entscheidet darüber
wie er sich fühlen will

Es ist mein Denken und damit
meine alleinige Verantwortung
ob es mir gut geht und ich
ein glückliches Leben führe

und ich habe mich dazu entschieden
glücklich zu sein

Überzeugungen

Ich bin ein Mensch mit
gewachsenen und gelebten Überzeugungen
authentisch und nicht verhandelbar

Und nur um mehr Menschen zu erreichen
mich dem Mainstream anzupassen
was vielleicht bequemer wäre
mir mehr geneigtes Publikum bescheren könnte
werde ich meine Überzeugungen
nicht über Bord werfen

Man mag mich deswegen gerne
als unangepasst und unbequem
oder als dickköpfig bezeichnen
als unflexibel
aber dafür bin und bleibe ich ich
und danach habe ich lange gesucht

Ich bin Literat und Poet
aus tiefster Überzeugung und Leidenschaft
und schreibe nur aus meinem Herzen
nicht aber um allen zu gefallen
Darauf bin ich offen gestanden
sogar ein wenig stolz

Selbstbewusstsein

Wenn ich mich wirklich darauf einlasse
dass ich ich bin
dann spüre ich hinter all den
verschiedensten Facetten
nur Leichtigkeit und Freiheit

Denn ICH
das ist der ewige Kern
frei von Bedrängnis
frei von Schuld und Schwere

Das was mich im Innersten ausmacht
war niemals krank
niemals begrenzt
sondern schon immer
frei und weit und gesund

Es erzeugt ein tiefes Gefühl
eine Gewissheit von Ewigkeit
jenseits von Raum und Zeit
wenn man damit beginnt
das eigene Selbst
zu ergründen

Gelassenheit

Je mehr ich
mit mir im Reinen bin
und Zugang zu meinem Inneren finde
desto unempfindlicher werde ich
gegenüber äußeren Einflüssen

Immer deutlicher erkenne ich
meinen eigenen Wert
und die Beständigkeit meines Weges
den ich in Freiheit selbst gewählt habe

Die Meinungen und die Wege anderer
nehme ich mit tiefer Gelassenheit wahr
denn ich ruhe in mir
auch weil alles Äußere flüchtig ist

Bestand hat nur
was sich mir als Wichtig erweist
aber selbst das unterliegt
der Veränderung

Was übrig bleibt
sind Liebe und Dankbarkeit
und ich auf meinem Weg

Herausforderung Freiheit

Sich versöhnen mit dem was nicht ist
es akzeptieren und arbeiten mit dem was ist
und die Ursachen dafür nicht bei anderen zu suchen
stattdessen auch ihnen ihre Freiheit zugestehen
in der Gewissheit dass es so richtig ist

Manchmal vertragen sich verschiedene Vorstellungen nicht
weil jeder aus seiner Perspektive sich im Recht sieht
auch im Recht ist
aber eine Gemeinsamkeit an dieser Stelle unmöglich erscheint

Ich bin von der Richtigkeit dessen was ich tue
nicht nur überzeugt sondern ich lebe es auch
kann aber nicht von anderen erwarten
es mir gleich zu tun oder es so wie ich zu sehen

Jede Perspektive hat ihre Berechtigung
und genau darin liegen die Herausforderungen
konsequenter und gelebter Freiheit
deren jeweilige Auslegung mir nicht gefallen muss

Wirkliche Freiheit entsteht erst außerhalb der eigenen
Komfortzone
und entfaltet sich vollends
in der Überwindung ihrer Herausforderungen
die nur ein waches Bewusstsein als solche erkennt

Und nicht immer sind ihre Intentionen sofort zu erkennen
fühlen sich im ersten Moment disharmonisch an
riechen nach Ungerechtigkeit und Willkür

deren Ursachen aber in mir allein begründet sind

So liegen das Erleben von Harmonie Freiheit und Gerechtigkeit
immer im Auge des jeweiligen Betrachters
der zugleich auch ihr Verursacher und Schöpfer ist
genauso wie der Schöpfer seines eigenen Glücks

Meditation

Meditation bedeutet Heimkehr
oder auch Rückbesinnung
auf das eigene innerste Zentrum
das sich immer mehr
als ewiger Kern
der eigenen Persönlichkeit offenbart

Meditation ist
eine Stillwerden und Hinein lauschen
ein Herantasten
neues Kennenlernen
des Ureigenen

Meditation ist Selbsterkenntnis
und liebevolles Akzeptieren
von allem was ist
friedvoll
heiter
und gelöst

Je deutlicher das eigene Ich
zum Vorschein kommt
der Schleier aus Gefühlen und Gedanken
sich lüftet
umso mehr kommen Stolz
Freude und wirkliche Freiheit
zum Vorschein

Innere Stille

Die innere Stille ist gefüllt mit Frieden
und die Seele weitet sich
frei von Bedrängnis und Unruhe
Der Atem ist tief und frei

Selbst die Gedanken halten Frieden
ordnen sich freiwillig
werden tiefer

Der Körper schöpft neue Kraft
und ein unendliches Glücksgefühl
stellt sich ein
wenn Raum und Zeit verschmelzen

Beobachtung

In der Stille der Meditation
entspannt und aufmerksam zugleich
wahrnehmen und bedingungslos akzeptieren
alles was ist und sein möchte

Nichts verdrängen
sondern zulassen
dabei nicht werten
nur beobachten

Und manchmal entsteht
auf diese Weise
ein weiter lichter und friedvoller Raum
im Inneren
verbunden mit der Erkenntnis
dass Sein und Handeln
Eines sind

Momentum

Ich stelle mir vor:
Mein Geist ist ein
stiller und klarer See
und nur kleine Wellen
branden an das Ufer
meiner Existenz
als Manifestation
seiner Bewegtheit
und Lebendigkeit

Diese Bild hilft mir dabei
trotz aller inneren Unruhe
immer wieder
bei mir anzukommen
denn entgegen
allen flüchtigen Gedanken
von denen ich mich
von Zeit zu Zeit
noch forttragen lasse
ist mein Selbst
ein Ruhepol

Gedanken Gefühle kommen und gehen
aber ich bleibe
habe Bestand
erahne einen Funken Ewigkeit
wenn ich mich
darauf besinne
in der Stille

Innensicht

Je mehr und je öfter ich
in der Stille des frühen Tages in mich hinein lausche
umso deutlicher spüre ich
die Kraft des inneren Friedens der in mir lebt

Und ich empfinde große Dankbarkeit für alles
das mein Leben ausmacht
sowie für die Herausforderungen
vor die ich gestellt werde

Mit immer mehr Gelassenheit
die aus Liebe und Vertrauen erwächst
betrachte ich alle Situationen
weil ich weiß dass sie mir zum Guten dienen

Es ist insbesondere die Liebe
aus der meine Stärke hervorgeht
und immer deutlicher erkenne ich
dass Liebe und Dankbarkeit meine Stärken sind

Freiheit erleben

Die meisten Menschen machen sich
keine Gedanken darüber
ob ihr Denken geordnet
klar und zielstrebig ist
und in welche Richtung es sich bewegt

Dabei ist es ein spannendes Experiment
das eigene Denken zu beobachten
und dabei festzustellen
dass es in einem selbst begründet ist
wie klar und frei es sich entfaltet

Und in der Meditation
entsteht manchmal für einen kurzen Moment
vollkommene Stille
in der das Selbst sich seiner
absolut bewusst ist
ohne von Gedanken abgelenkt zu sein

Es ist eine Frage der Achtsamkeit
wie bewusst und zielstrebig
ich mein Denken gestalte
und ihm damit erst
wirkliche Freiheit ermögliche

Denn Freiheit offenbart sich
erst in der willentlichen Ordnung des Denkens
und in dem Bewusstsein
seiner unermesslichen Schöpferkraft

Inspiration

Die ersten stillen Stunden in der Morgendämmerung
Ich lausche in mich hinein
und genieße die friedvolle Stimmung
tanke Kraft und Inspiration für den neuen Tag

Erste Ideen zeigen sich noch zögernd
Ich betrachte sie ohne jede Erwartung
und in der entspannten Gewissheit
dass alles gut ist so wie es ist

Irgendwann greift eine Idee Raum
nimmt Gestalt an und ich spüre ihre Kraft
Sie gibt mir ein Thema einen Impuls
für den noch jungen Tag

Besonders kraftvolle Ideen erzeugen Bilder in mir
und ich spüre ihre Bedeutung für mich
Ich fühle mich liebevoll geleitet

und bin dennoch frei in meiner Entscheidung

Eine jede Idee eröffnet mir unendliche Möglichkeiten
die ich in tiefer Dankbarkeit erwäge
mit der Gewissheit
dass jede von ihnen ihre richtige Zeit hat

Wirkliche Inspiration ist Ausdruck innerer Freiheit
Sie entspringt der Weisheit meines Selbst
und wird mit jedem Tag ein Stück greifbarer
lässt mein Vertrauen in mich immer weiter wachsen

Dankbarkeit üben

In den Momenten der Leichtigkeit
Dankbarkeit zu entwickeln
Dankbarkeit zu empfinden
ist einfach

Aber erst in den Momenten
wo wir mit unseren Schattenseiten
unseren Zweifeln
unserem Unwohlsein konfrontiert sind
zeigt sich
ob wir wirklich dankbar sind

Bin ich von Herzen dankbar
wenn ich mich unfrei fühle
bedrängt von meinen Gedanken
weil ich die Situation als Chance begreife
auf meinem Weg voran zu kommen

Oder ärgere ich mich lieber
über meine vermeintliche Unfähigkeit
und über eingebildete Rückschritte
die ich mir
im Augenblick nicht verzeihen kann

Wahre Dankbarkeit
die aus dem Herzen kommt
ist immer gegenwärtig
und will an jedem Tag
geübt werden

Herz auf der Zunge

Ich trage mein Herz auf der Zunge
und das kann eine echte Herausforderung sein
denn ich habe ein großes Herz
erfüllt von Mitgefühl und Liebe

Manchmal ist es ganz schwer
wenn Mitgefühl und Liebe stark gefordert sind
und ich nicht weiß ob sie ausreichen
oder ob ich den geliebten Menschen
damit überhaupt erreiche

Und trotzdem möchte ich es
nicht anders haben
denn Liebe und Mitgefühl
sind die Essenz meines Da-Seins

Sie geben die Richtung des Weges vor
den ich mich entschieden habe zu gehen
und beschenken mich reichlich
mit neuen wunderbaren Menschen und Impulsen

Sie wiegen die gelegentliche Traurigkeit
mehr als auf und lassen mich immer wieder hoffen
Und tief in meinem Herzen weiß ich
es ist der einzig richtige Weg

Das ganze Geheimnis

Ich erinnere mich an die Geborgenheit
an die mich sanft umhüllende Wärme der Liebe
die mich tröstend und stärkend durchströmt
während sie das Beste in mir zum Erklingen und zum Vorschein
bringt

Von anderen Menschen kann ich Liebe nicht erwarten
kann sie nicht erzwingen
denn sie ist bedingungslos und in Wort gegossene Freiheit

Wenn ich Liebe schenken möchte
muss ich sie zuerst in mir finden
sie ergründen und wachsen lassen
sie mir selbst zum Geschenk machen

Denn nur was ich selbst habe kann ich auch verschenken
und wie soll ich mein Gegenüber lieben
wenn ich mich selbst nicht liebe

Ohne das Ich zu finden findet sich kein Du
denn erst in der Selbsterkenntnis offenbaren sich
die Qualität die Freiheit das Menschsein
als Urgrund der Liebe

Es heißt: Liebe deinen Nächsten wie dich selbst
und das ist schon
das ganze Geheimnis

Annahmen

Ganz zu Beginn nahm ich an
du seist der wundervollste Mensch
weil ich es glauben wollte und glaubte

Heute weiß ich es
denn mein Wissen um dich
ist durch meine Erfahrungen bestätigt

Früher nahm ich an
dass Liebe begrenzt und nicht von Dauer ist
Heute hingegen weiß ich dass ich dich für immer liebe

Viele meiner Annahmen haben sich von Grund auf verändert
weil ich gelernt habe wirklich zu lieben
und ich habe es gelernt weil ich daran glaubte

Jetzt glaube und weiß ich
dass du die Liebe meines Lebens bist
und ich nehme an: Es ist gut und richtig so

Zufriedenheit

Allmählich spüre ich
eine immer tiefere Zufriedenheit
die sich auf mein ganzes Leben erstreckt

Und da wo früher Einsamkeit und Verlustangst waren
bin ich mir nun selbst genug
mit mir im Reinen

Lebe mein Leben so
wie ich es will
und im Vertrauen
auf die Richtigkeit meines Weges

So leben zu können
betrachte ich als großes Geschenk
für das ich an jedem Tag
zutiefst dankbar bin

Achtsamkeit

Seitdem ich achtsam bin und achtsam lebe
werde ich der Schönheit der Natur
ihrer Einzigartigkeit und Kraft
immer mehr gewahr

Nie war die Morgenluft so würzig klar
das Farbenspiel des Herbstes schöner
der Morgennebel auf den Wiesen geheimnisvoller
seit ich mit wachem und bewusstem Blick durchs Leben gehe

Und während ich früher all dies wohl sah
es mich aber nicht im Innersten erreichte und berührte
bin ich inzwischen von Herzen dankbar
für diese wundervolle Pracht zu jeder Jahreszeit

Stille des Augenblicks

Ich allein entscheide darüber
wie und wer ich bin
und in der Stille des Augenblickes
wird es greifbar
wird es erlebbar

Zeit und Raum werden Eins
im Moment vollkommener Konzentration
auf die Stärke und Wirkmächtigkeit
des Ich bin

Und jedes Mal stärke ich damit
das Fundament meiner Lebensausrichtung
mache es nach außen sichtbar
verleihe ihm Wirksamkeit

Es liegt allein an mir
welche Eigenschaften ich stärke
ihnen Aufmerksamkeit schenke
Man könnte auch sagen
ich mache sie mir zum Geschenk

Zur Ruhe kommen

Nach all den überwältigenden Ereignissen
der letzten Zeit
einfach mal zur Ruhe kommen
weil mein Körper
seinen Tribut fordert

Es ist ungewohnt
und bisweilen herausfordernd
dabei kein schlechtes Gewissen zu haben
Stattdessen
es in Gelassenheit anzunehmen
und achtsam mit mir zu sein

Denn mein Verstand will
immer nach Vorn
neue Pläne schmieden
Erfahrungen sammeln
Er gibt keine Ruhe
während mein Körper
sich nach Erholung sehnt

Wieder einmal
scheint es eine Lernaufgabe zu sein abzuwägen
was im Moment wichtiger ist
und meinem Körper dieselbe
Wichtigkeit zuzugestehen
wie meinem Verstand

Zu früheren Zeiten
dachte ich immer gleich

an Depression
wenn ich erschöpft war
während ich heute weiß
dass ich einfach nur müde bin
und dass ich es auch sein darf
unabhängig von der Tageszeit

Gesundheit ist immer auch
eine Entscheidung die ich
an jedem Tag zu treffen habe
und Erholung und Entspannung
sind dabei unverzichtbar
zumal ich niemandem
etwas beweisen muss oder möchte

Ich bin im Sein

Vergeblich habe ich versucht mich zu suchen
in den Reaktionen Anderer
im Bemühen um Anerkennung
im verzweifelten Streben nach Optimierung

Gefunden habe ich mich erst
in der Stille
und im Frieden
des Ich bin

Ich bin

ist die Quintessenz
der Urgrund meiner Existenz
ihr Ziel

Nicht im Außen finde ich mich
nicht in der Ablenkung
oder in der Anstrengung
sondern im einfach Sein

Für mich ist weniger viel mehr
sind Einfachheit Geradlinigkeit
der Weg aus dem Labyrinth der Suche
hin zu mir

Stolpersteine

Immer wieder gibt es im Leben Stolpersteine
an denen wir uns verletzen können
wenn wir nicht achtsam sind

Bei mir sind es immer wieder alte Themen
wie Verlustangst
Wut und Ratlosigkeit
mit denen ich konfrontiert werde

Achtsam mit ihnen umzugehen
ihnen liebevoll zu begegnen
sie in Stärke Mut und Selbstbewusstsein umzuwandeln
ist wohl meine Aufgabe

Nicht nur zu erkennen wohin mein Weg mich führt
sondern ihn auch entschlossen und mit innerer Ruhe zu gehen
verwandelt die Stolpersteine
in Erfahrungsreichtümer einen Lebensschatz

Finde und lebe ich Ruhe im Inneren
erfahre ich sie auch in der Außenwelt
in meinen Begegnungen
denn das Innere spiegelt sich im Außen

Und manchmal braucht es eben Wiederholungen
bis ich wirklich begriffen habe
worauf es in meinem Leben ankommt

Leben

Es sind nur Liebe, Dank, Vertrauen
auf die das Leben lässt sich gründen.
Das Licht der Freiheit will entzünden
und eine schöne Zukunft bauen.

Die Liebe, sie schafft große Klarheit
und hilft uns zu der großen Wahrheit,
mit der wir alle sind verbunden,
in der das Dunkel ist verschwunden.

Der Dank, er lässt uns freudig schauen
auf das, was voller Demut wir erkennen
und unser Eigen wir dann nennen.
Es hinzunehmen wir uns trauen.

Vertrauen bringt uns in den Fluss,
aus dem der freieste Entschluss
entspringt, das Leben gänzlich anzunehmen,
vertrauensvoll uns hinzugeben.

Aus diesen Dreien wird dann Eines,
das höchste Gut, nach dem wir streben.
Es ist das wunderbar geheimnisvolle Leben
in Freiheit. Ohne sie ist keines.

Geheimnisse und Rätsel bleiben
des Lebens Ursprung und sie treiben
uns an, es weiter zu ergründen,
den tiefen Sinn darin zu finden.

Doch dieser ist in sich verborgen
und er besteht darin, zu sein.
Gemeinsam, aber auch allein
dem Weg zu folgen. Frei von Sorgen

Zufriedenheit

Allmählich spüre ich
eine immer tiefere Zufriedenheit
die sich auf mein ganzes Leben erstreckt

Und da wo früher Einsamkeit und Verlustangst waren
bin ich mir nun selbst genug
mit mir im Reinen

Lebe mein Leben so
wie ich es will
und im Vertrauen
auf die Richtigkeit meines Weges

So leben zu können
betrachte ich als großes Geschenk
für das ich an jedem Tag
zutiefst dankbar bin

Gehen mit dem was ist

Gehen, nicht schlendern oder rennen
mit dem was gerade ist -
eine wundervoll entspannte innere Haltung
die die gelegentliche Last des Alltags
leichter und einfacher macht

Gehen bedeutet für mich
in der Mitte zu sein
in meiner Mitte
in meinem ganz individuellen Tempo

Ich nehme mir die Zeit
nach rechts und links zu schauen
und bin dennoch stetig unterwegs

Und ich entscheide
was von Unterwegs ich mitnehme
oder was ich liegenlasse
weil es meine Schritte hemmt

Gehen mit dem was ist
eine wundervolle Übung
in Gelassenheit und Achtsamkeit
für mich

Entwicklung

Mit einem Lächeln – frei – so schreite ich zur Tat,
denn das, worum ich mit mir ringend, das Universum bat,
mir neue Horizonte und neue Menschen zu erschließen,
trat ein nun. Und freudig werd' ich sie begrüßen.

Denn meine Seele, lang verzagt, sie ist geweitet,
hat heimlich sich drauf vorbereitet
durch Hoffen, Bangen und Gebet.
Für's Neue ist es nie zu spät.

Entwicklung, frei und unverzagt –
das hätt' ich früher nie gewagt.
War die Gewohnheit doch zu lieb,
sodass ich zögernd stehen blieb.

Doch nun, mit festem, mut' gem Schreiten,
der Fülle will ich Weg bereiten,
auf dass sie mir und meinem Leben
ganz Sinn verleiht und neues Streben.

Selbstliebe

Je mehr ich mich zu lieben lerne,
erkenne, schätze, wer ich bin,
begreife ich des Lebens tiefen Sinn
und wende meinen Blick hin auf die Sterne.

Mein ganzes Sein ich sinnerfüllt erschaue
und fühle immer mehr: bin heil im Innern, gut und ganz.
Von Herzen dankbar dafür spüre ich den Glanz,
der meine Seele leuchten lässt und immer mehr vertraue.

Reflektionen

Herzensbeziehungen und wahre Freundschaft
lassen sich nicht
nach ihrer zeitlichen Dauer bemessen
und auch nicht daran
wie lange man
einander kennt

Ihre Konsistenz
ihre Aufrichtigkeit
ihre Stärke
zeigen sich vor allem
in schwierigen Momenten
in aufrichtig geteilter Freude
und in dem Bemühen
um wirkliches tiefes Verstehen und Verzeihen

Gemeinsame Glücksmomente
sind die Nahrung
von denen sie im Alltag zehren können
Aber erst dort zeigt sich
wie tief ihre Wurzeln tatsächlich reichen

Jeder hat wohl
seine eigene Definition davon
was ihm Freundschaft
und Herzensbeziehungen bedeuten
welchen Wert er ihnen beimisst

Mir sind sie Geschenk
unendliche Bereicherung
und Ansporn
zu Wachstum und Entwicklung
Und manches Mal auch Spiegel
meiner eigenen Unzulänglichkeiten
denen ich dankbar begegne

Friedvolle Stille

Zurzeit genieße ich
die innere Ruhe meinen Frieden
die völlige Übereinstimmung
den Müßiggang

Es ist gelebte und erfüllte Freiheit
über die ich selbst mit mir nicht diskutiere
sondern ich koste sie aus
und lasse meine Seele atmen

So haben Impulse und Ideen
Zeit zum Reifen
und müssen nicht überhastet
und unausgereift an die Öffentlichkeit

Stattdessen ordnen sie sich
in der friedvollen Stille meines Geistes
währenddessen ich einfach
das Leben spüre und genieße

Was bleibt?

Was bleibt
wenn ich mich
innerlich löse
von Zuschreibungen
Definitionen
und selbstgemachten Erwartungen?

Was bleibt
wenn ich mich
mehr und mehr entspanne
ins Hier und Jetzt
und frei von jeder Wertung
meine Mitte finde?

Was bleibt
wenn ich nicht länger
schon fast zwanghaft
Schriftsteller
Seelenforscher

Gralssucher
sondern einfach nur Mensch bin
und es geschehen lasse?

Ich bin!

Poesie

Mit meiner Poesie erschaff' ich weite, warme, lichte Räume.
Aus meinem Herzen nur, in größter Liebe sie errichte.
Bin ganz mit mir, mit dir, mit uns verbunden, wenn ich dichte
und lebe so die wahrsten, wunderschönsten Träume.

Und während ich den liebevollen, wahren Worten Ausdruck gebe
damit sie dich sanft streicheln und deinem Herzen Nahrung
spenden,
indem sie sich aus meinem Herzen an das deine wenden
begreif' ich immer mehr, dass ich die Liebe lebe.

Es sind Momente voller Freude, Harmonie und Glück
die ich empfinde, wenn Poesie für dich in mir entsteht.
Sie strömt heraus aus meiner unermesslich großen Fülle als Gebet,
als Manifestation der einzigart'gen tiefen Liebe zwischen uns.
Zurück
sie mich geleitet zu den Quellen,
die deinen und auch meinen Geist erquicken und erhellen.

Denn wahre Poesie, sie ist ein Ausdruck reinster Liebe,
so klar, so unverfälscht, entsprungen meinem wahren Ich.
Sie meint und spiegelt in der Fülle ihrer Schönheit stets nur dich,

entfaltet und entwickelt immer wieder neue, unbekannte,
wundervolle Triebe.

Die weiten Räume, die durch sie auch immer wieder neu
entstehen,
mit dir gemeinsam, voller Andacht, möcht' ich sie durchschreiten.
Und staunend, lächelnd, liebevoll dich Hand in Hand begleiten,
den Weg der Liebe stets mit dir gemeinsam gehen.

Einfachheit

Immer deutlicher erkenne ich
dass nur in der Einfachheit
in der Schnörkellosigkeit
die Wahrheit zu finden ist

Anstatt die Dinge unnötig zu verkomplizieren
sie mit schönen Worten und komplexen Ritualen
auszuschmücken
nenne ich sie schlicht beim Namen

ICH BIN
und
ICH LIEBE
sind der Schlüssel
zu meinem Sinn zu meinem Sein

Und je tiefer sich mir
der Sinn die Substanz die Kraft
dieser Worte erschließen
umso mehr bin ich dazu imstande
sie auch zu leben

Selbsterkenntnis

Alle Unzulänglichkeiten die ich
in anderen zu erkennen glaube
sind auch in mir vorhanden denn
ich kann nur erkennen
was mir auch bekannt ist

Manchmal ist das schmerzhaft
und es wäre viel einfacher
die Ursachen meines Unwohlseins
beim Gegenüber zu suchen anstatt
bei mir damit zu beginnen

Aber je öfter ich darauf aufmerksam werde
umso deutlicher erkenne ich die
darin wohnende Gesetzmäßigkeit der Spiegelung
die ich mir auch zunutze machen kann
um all das Schöne und Wahre in mir
auch in meinem Gegenüber zu entdecken

Selbsterkenntnis – Der nächste Schritt

Geduldig Sein – die Seele weiten und entspannen,
dem Frieden und dem Glück stets Hoffnung und Vertrauen
schenken;
und wirklich allem was da kommen mag, mit Dankbarkeit
begegnen, das Gute darin sehend, zu gedenken:
Nur so, nicht anders, kehren Freude und die Ruhe in mir ein.
Erst dann befind' ich mich so ganz im Hier und Jetzt, im Sein
und kann aus eig'nen Kräften die Dunkelheit verbannen.

Solange ich die Tiefe und Beständigkeit von Seelenruhe, Liebe und
Vertrauen nicht ergründen und begreifen kann
und all mein Streben, meine Wünsche, auf losem Sand - und ohne
Fundament - nur schnell errichte,
mach' ich mir selbst das ein' ums andre Mal das Wunderbare,
Schöne ganz zunichte.
Und dies erscheint mir immer mehr, Gesetz zu sein,
dass ich nur selbst mich kann befrei'n
und in der Liebe nur, in Freiheit und mit Leichtigkeit, zu lösen
mag den Bann.

Und während dieses Wissen mit Macht sich immer weiter in mir
zeigt und mich erfasst
da spüre ich, wie Ruhe und wie Frieden sich ihm zugesellen,
sie mich beruhigen, Frieden stiften, dankbar stimmen, erleichtern
und erhellen,
sodass ich immer mehr zurück zu meinem Ursprung finde,
mich vollends stärker, klarer, leichter der großen Liebe so
verbinde.
Kann freier atmen, schauen, denken, lieben. Der Schatten, er
verblasst.

Glückserfahrung

Glück offenbart sich im Erleben seiner unermesslichen Fülle
erst durch das tiefe Erfahren-Haben und Anerkennen
dass es ohne die Existenz seine Antagonisten
nicht existieren kann

Nur wer Enge, Dunkelheit, Trauer Verzweiflung
durchlebt und durchlitten hat
kann die Weite das Licht und die Freude spüren
die ihn das Glück dankbar und demütig erleben lässt

Glück ist Erfahrung und Entscheidung zugleich
eine Frage der eigenen Perspektive
auf das was sich im offenen Entdecken
des eigenen Lebenssinns offenbart

Wer aus ganzem Herzen glücklich ist
mehrt die Freude und die Dankbarkeit
als Quintessenz und nie versiegenden Quell
des eigenen sinnerfüllten Seins im Miteinander

In Liebe sein

In Liebe sein bedeutet Klarheit
und das Erkennen liebevoller Wahrheit
die zunächst vielleicht unbequem erscheint
uns dennoch mit uns selbst vereint

In Liebe sein – Verstehen lernen
sich von sich selbst nicht mehr entfernen
Ganz sanft verstehen wer man ist
und seh'n wie wunderschön du bist
In Liebe sein heißt Akzeptanz
Verleiht dem Leben diesen Glanz
der es geheimnisvoll umgibt
und den umhüllt der wirklich liebt

In Liebe sein ist größtes Glück
und Heil-Sein ganz in einem Stück
Nicht länger mehr Zerrissenheit
verborgen in der Dunkelheit

In Liebe sein – Es strebt ans Licht
gewinnt Kontur ganz ohne Pflicht
Und gänzlich frei von Illusion
das Denken strebt nach Perfektion

In Liebe sein möcht' ich mit dir
Geöffnet ward so manche Tür
die wir gemeinsam auch durchschritten
auch manchen Schmerz wir schon durchlitten

In Liebe sein – Es ist Vergebung
Und unser Sein erfährt Erhebung
wenn wir einander sacht verzeihen
uns von der Schwere so befreien

In Liebe sein ist höchstes Glück
Im Herzen ich dich ganz fest drück
weil du sie täglich offenbarst
auch mich vor Schaden so bewahrst

In Liebe sein - Es ist Vollendung
Das Leben nahm schon manche Wendung
die du hast in mir angeregt
und meinen Geist damit gepflegt

In Liebe sein – im Miteinander
es bringt mich manchmal durcheinander
weil ich so vieles nicht begreife
doch gerade daran seelisch reife

In Liebe sein ist Dankbarkeit
Ich nehm sie als Besonderheit
die immer zwischen uns besteht
und hoffentlich niemals vergeht

Ich bin Liebe

Ich bin
Je mehr ich
diese Qualität verinnerliche
spüre ich die Liebe
tief in mir
als Seins-Zustand

Ohne jede Anstrengung
entspannt glücklich friedvoll
tief verbunden
heiter und gelöst

Zu verdanken habe ich das
auch dir
weil du mir gezeigt hast
dass Liebe einfach Ist
und mir geholfen hast
es zu verstehen
Glück zu empfinden
im Alltäglichen
in den kleinen Dingen
im Augenblick
wenn du meine Hand hältst
mich berührst tief in meiner Seele

Ich bin
Ich bin Liebe
Ich liebe
werden immer mehr
zur Quintessenz meines Lebens

das auch durch dich
immer reichhaltiger
schöner und vollkommener wird

Ein Versuch über die Liebe

Es ist geheimnisvoll und gleichermaßen wunderschön
unser Gemeinsames in seiner Wandlung zu betrachten
Veränderung und Wachstum beim Anderen zu achten
und dabei Hand in Hand mit dir zu geh'n.
Denn das Gemeinsame, die Akzeptanz des Unterschieds, wächst
ständig
und unser liebevolles miteinander Sein, es ist belebend und
lebendig.

Als wir uns erstmals trafen, war's eine andre Zeit für mich
in der das Gestern große Kraft noch hatte.
Was ich ihm heut' nicht mehr gestatte,
denn meine Seele brauchte Raum für dich.
Schon damals wusste ich, dass unsre Seelen sich erkennen,
einander suchen, um neu sich zu benennen.

Du zeigtest mir, dass wahre Liebe Freiheit heißt
dass sie Geduld, Verstehen, Milde in sich birgt.
Und, dass sie wundervolle Heilung wirkt.
Denn sie ist freier, gnadenvoller Geist,
der nunmehr heilend und entwickelnd in uns beiden schafft.
Er schenkt uns beiden täglich neue Kraft.

Nicht länger hinterfrage ich, dass du mich liebst,
auch, weil ich deine Liebe täglich spüre,

mit meinem Tun und meinen Worten dich berühre
und du mir so unendlich reichlich gibst.
Mit dir entdecke ich das Dankbar-Sein.
Es erdet, macht die Seele rein.

Und voller liebevollen Stolzes schaue ich auf dich,
auf deinen Weg, dein Herzens-Reifen.
Kann es von Zeit zu Zeit auch kaum begreifen,
wie unermesslich wichtig bist für mich.
Denn ungeachtet allen Frei-Seins, eigner Werke
verleiht dein Dasein, deine Liebe mir doch Stärke.

So ist's das Gleichgewicht von Nehmen wohl und Geben
die uns're Liebe, uns're Harmonie begründen.
An ihrer Einzigartigkeit sich immer wieder neu entzünden
die Flammen, die uns weitertragen - hin zum wahren,
selbstbestimmten Leben.
Und wir sind zwei vereinte, dennoch freie und verwandte Seelen,
gar kostbare, hellstrahlende und liebende Juwelen.

Erwachen

Mein Tag beginnt mit einem wundervollen, warmen, tiefen
Fühlen,
wann immer ich mein Denken auf dich lenke
dir liebevolle, segnende Gedanken schenke.
Dies Denken mildert sanft und immer mehr das ungebärdige,
verbiss'ne Wühlen
des tief verletzten kleinen Jungen, der ich einst war und der ich
nicht mehr bin.

Uns Gutes, Schönes nur zu gönnen, Dir und mir – danach nun strebt mein wacher Sinn.

Ich bin erwacht. Erkenne, dass mein Fühlen mich beherrschte, mir heimlich meine Freiheit raubte,
die ich auch dir nicht wirklich gönnen konnte. Für ewig lange Zeit ich glaubte,
es sei mein Schicksal, so zu sein.
Und nun erleb ich voller Staunen: mein wahres Denken, es ist klar und rein
und ist fast mühelos dazu imstande
zu überwinden, zu verzeihen die alten, ungelösten Bande.

Noch ist es Arbeit, keine Selbstverständlichkeit, auf diesem unbekannten Weg zu gehen.
Ich lerne, meinem Denken, auch zu dir, ganz neuen, freien, unbeschwerten Raum zu geben;
und all mein Fühlen, das mich oftmals hämisch narrte, sinnvoll zu beherrschen. Denn mein Leben
ist so viel mehr, als nur dem Fühlen nachzugehen. Es ist vielmehr ein immer größeres Verstehen,
ein Durchdringen, sinnvoll Tätig sein –
mit dir gemeinsam, aber auch für mich allein.

Du sagtest mir: „Ich bin in Liebe". Dies auszufüllen, ganz und gar zu leben, ist mein Ziel.
In Liebe sein und unsere liebevolles, freies Miteinander wirklich zu durchdringen – es scheint viel;
doch es in Freiheit denken, leben, unbeschwert zu fühlen- leicht ist es und unbeschreiblich schön.
Und immer wieder denke ich daran, dass diesen Weg mit dir zu gehen,

die größte, wundervollste und zugleich geheimnisvollste Gnade
ist.
Wenn ich verzage, denke ich daran, wie einzigartig wunderschön
du bist.

Ich bin

Ich bin ich – der, der Ich bin.
So ergibt sich tiefer Sinn
und Verstehen meines Seins.
Ohne Ich, da wäre keins.

Ich bin Stärke, Liebe, Fülle
und vertraue in der Stille
fest darauf, dies zu vermehren,
um mein Leben so zu ehren.

Werde Ganz und Heil im Frieden
mit mir selbst. Hab' mich entschieden,
unabhängig, frei zu sein.
Dennoch bin ich nicht allein.

Bin in Freiheit Dir verbunden.
Habe mich in Dir gefunden.
Du bestärkst mich, schenkst mir Liebe
die auch bleibt, wenn sonst nichts bliebe.

Bin erfüllt von so viel Wärme
so wie Dank, die aus der Ferne
sanft sich schmiegen an mein Ich.
Dabei denke ich an Dich.

Du ergänzt mich, lehrst mich lieben,
zu erkennen. Und den Trieben
die mich lenken
Sanftmut und Verzeih'n zu schenken.

Du berührst mich, schenkst mir Weite,
Fülle, Freiheit. Ich bereite
diesen Gaben allergrößten Raum.
Immer mehr leb meinen Traum.

Und Ich Bin. So bist auch Du.
Gemeinsam finden wir die Ruh'
die uns trägt, die uns geleitet.
Freude sie uns nur bereitet.

Aus der Fülle und dem Frieden
wir zusammen Neues schmieden,
so wie jeder auch für sich.
Du bist Du und Ich bin Ich.

Hier und Jetzt

Leben – ganz im Hier und Jetzt -
glücklich, frei und unverletzt.
Das ist es, wonach ich strebe,
meine Seele ganz erhebe.

Endlich frei sein und genießen
und nicht länger mich verdrießen
lassen durch die Dinge die nicht sind.
Denn sie machen mich nur blind

für das Gute, Wahre, Schöne,
welches ich schon jetzt erlebe.

Blicke ich auf das was ist,
frei von Sorge, ohne Frist,
spüre, lebe ich den Frieden
und das Glück, die mir beschieden.

Frei und in der Liebe Sein,
es erfüllt mit warmem Schein
meine Seele und mein Herz.
Nicht vorhanden ist der Schmerz,
dessen Kraft lässt mich erblinden,
mich dran hindert, mich zu finden.

Auch die Zeit mit Dir, Du Schöne,
nach der ich mich so oft sehne,
sie erfüllt mich, macht mich ganz
und verleiht dem Leben Glanz.

Und mit Dir das Unbeschwerte
zu genießen, das mich lehrte
immer mehr im Jetzt zu weilen,
mich nicht länger zu beeilen,
es durch Vages zu verdrängen:
Das befreit mich von den Zwängen.

Du lebst vor mir dieses Glück,
ganz und gar, an einem Stück.
Währenddessen ich noch lerne,
aus der Nähe, aus der Ferne.

Dankbar dafür sein und leicht,
auf dass alles Schwere weicht,
meine Seele sich ganz weitet:
Dafür ist der Ort bereitet.

Freie Liebe

Wahrhaftige und tiefste Liebe – sie ist vollkommen frei
und gänzlich losgelöst von überkomm'ner Tradition und deren
liebesfernen Engen.
Sie schwingt empor sich, breitet ihre lichten Schwingen, befreit
von allen Zwängen.
Sie ist umwoben von ungeahnter, nie zuvor erfühlter Wärme und
Vertrauen. Es sei
die kostbarste, erfüllteste, geheimnisvollste Gabe, die du und ich
einander reichlich schenken,
indes wir liebevoll und gütig, von Achtsamkeit umgeben,
aneinander, miteinander denken.

Ich bin erfüllt von inniglicher, nie geahnter Freude und fühle
Leichtigkeit in meinem Leben,
seitdem Du diese Freiheit wirklich lebst, in ihrer Herrlichkeit sie
mir tagtäglich offenbarst.
Es ist, als hätte ich Dich völlig neu entdeckt, ganz tief erkannt in
meiner Seele. Und Du bewahrst
unendlich viel Geduld, Verstehen und Verzeihen. Sie sind
verinnerlicht in Deinem selbstbestimmten Streben.
Wenn ich in meiner Seele laut und freudig Deinen Namen nenne,
so ist's ein warmer, weiter, wundervoller Klang,
in den mein Ich, in ewiglicher Liebe Dir ergeben, begeistert
einstimmt. Es wird zum Gesang.

Die freieste, kaum vorstellbare Liebe, die du mir vorlebst, ich
nehme dankbar sie und ehrfurchtsvoll entgegen
und wandle sie zu meiner höchsten, innersten Bestimmung, die
freudig ich, aus ganzem Herzen mit Dir teile.
Da ist nichts Schöneres. Sie ist Befreiung mir und Gnade, in der ich
andachtsvoll, erfüllt von ihr, mit Dir verweile.
So öffnen sich ganz neue, unbekannte Horizonte. Mein Blick wird
klar, und frei von Furcht ist nun mein Streben.
Denn das Vertrauen, lange nicht erlebt, durchlebt von mir, es kehrt
allmählich bei mir ein. Und nie zuvor erkannter Frieden
erfüllt mein Sein. Es ist das allergrößte Glück, das mir mit Dir
wohl ist beschieden.

Biografisches

Eckhard Neuhoff, Jahrgang 1967, ist ein Psychiatrie-erfahrener Schriftsteller und Dichter. Stark belastet durch schwere seelische Traumata, begann nach dem Abitur 1986 und dem daran anschließenden Zivildienst, eine über zehnjährige Odyssee durch verschiedenste Berufe in ganz Deutschland, auf der Suche nach sich selbst und seinem Platz im Leben.

Seit Mitte der Neunzigerjahre lebt er wieder in seiner alten Heimat, hat das Schreiben für sich wiederentdeckt und ist seit 2006 berentet. Im gleichen Jahr veröffentlichte er seinen ersten, inzwischen vergriffenen Gedichtband „Jenseits der Dunkelheit".

Ihm ist es besonders wichtig zu vermitteln, dass gelebte Spiritualität in besten Sinn „alltäglich" und lebensnah sein kann; anstatt lebensfremd und abgehoben. Einen besonderen Stellenwert nehmen für ihn dabei die Themen Gewahrsein, Selbstreflexion und Meditation ein, da diese für ihn der Schlüssel für seine fortschreitende Genesung sind.

Zeitfracht Medien GmbH
Ferdinand-Jühlke-Straße 7
99095 Erfurt, Deutschland
produktsicherheit@kolibri360.de